RÉPUBLIQUE FRANÇAISE

MINISTÈRE DE LA GUERRE

INSTRUCTION COMPLÉMENTAIRE

DU 24 MARS 1892

POUR

L'INSPECTION GÉNÉRALE

DES

CORPS D'INFANTERIE.

PARIS ‖ **LIMOGES**

11, Place St-André-des-Arts ‖ 46, Nouvelle route d'Aixe, 46

IMPRIMERIE ET LIBRAIRIE MILITAIRES

Henri CHARLES-LAVAUZELLE

Éditeur

1892

Librairie militaire Henri Charles-Lavauzelle

Paris, 11, *place Saint-André-des-Arts.*

Cours professés a l'ecole d'administration militaire de Vincennes. :
Tome I. — Législation militaire et administration générale ;
Tome II. — Administration générale (*suite*), subsistances militaires, service de santé, habillement et campement, notions de législation industrielle et commerciale. — 2 volumes in-8º brochés de 676 et 680 pages   12 »
  Franco..   12 85
Recueil administratif à l'usage des corps de troupe de toutes armes ou Code manuel, par E. Charbonneau, officier d'administration des bureaux de l'intendance militaire ; 7º édition, revue, corrigée, augmentée et mise à jour. — Volume grand in-8º broché de 840 pages................   17 50
Lo.s, décrets et règlements relatifs à l'organisation de l'armée. — Volume in-8º de 568 pages, broché.................................   6 »
Vade-mecum administratif de MM. les capitaines commandants et des sous-officiers comptables, par un officier d'administration (3º édition à jour). — Volume in-8º de 348 pages, broché..............................   2 50
Dictionnaire du recrutement, contenant tout ce qui est relatif au recrutement, à l'administration des réserves et de l'armée territoriale et aux réquisitions, par J. Saumur, lieutenant de recrutement. — Volume grand in-8º de 608 pages, broché.......................................   10 »
La Loi militaire sur le recrutement de l'armée du 15 juillet 1889 et la loi sur le rengagement des sous-officiers du 18 mars 1889 commentées et annotées par M. D. Mérillon, ✳, substitut du procureur général près la Cour d'appel de Paris, ancien député et secrétaire de la commission de l'armée. — Volume in-8º de 832 pages, relié toile anglaise ....   10 »
Loi du 15 juillet 1889 sur le recrutement de l'armée. — 5 volumes in-32, brochés, chaque volume...   » 50
  Reliés toile anglaise......................................   » 75
Règlement du 9 septembre 1888 sur la comptabilité des matières appartenant au département de la Guerre et Instructions du 23 décembre 1888 pour l'application de ce règlement :
Dans le service de *l'artillerie*, tableaux et modèles dans le texte et hors texte (2º édition à jour jusqu'en juin 1891). — Brochure in-8º de 328 p....   4 »
Dans le service *du génie*, tableaux et modèles dans le texte et hors texte. — Brochure in-8º de 304 pages.................................   2 65
Dans le service *des poudres et salpêtres*, tableaux et modèles dans le texte et hors texte. — Brochure in-8º de 276 pages..................   2 25
Dans les services *de l'administration centrale, de l'intendance, de santé, de la remonte, de l'Hôtel des Invalides, des écoles militaires et des corps de troupe* (2º édition, à jour jusqu'en février 1892.) — Brochure in-8º de 208 pages..   3 »
Note ministérielle du 11 mars 1892 réglant la manière d'établir les différents comptes de la masse d'habillement et d'entretien et modifiant : 1º l'instrection du 16 novembre 1887-18 mars 1889 et certains modèles annexés aux décrets et instructions de mêmes dates ; 2º des annexes et modèles joints au décret du 14 janvier 1889. — Brochure in-8º de 96 pages (édition complète et officielle).....................................   » 75
Règlement du 14 janvier 1889 sur l'administration et la comptabilité des corps de troupe (2e édition annotée et mise à jour). — Volume in-8º de 432 pages, broché..   3 »
  Relié..   3 75
  Intercalé de papier blanc...   5 »
Le même, format des théories, in-32 de 272 pages, cartonné...........   1 »
Règlement et instruction du 16 novembre sur le service de l'habillement dans les corps de troupe, modifiés par décret du 18 mars 1889 et la note ministérielle du 11 mars 1892, modèles, tableaux et tarifs. — Volume in-8º, broché..   1 50
  Relié toile...   2 »

INSTRUCTION COMPLÉMENTAIRE

DU 24 MARS 1892

POUR

L'INSPECTION GÉNÉRALE

DES

CORPS D'INFANTERIE.

———◦———

DISPOSITIONS GÉNÉRALES.

Objet de l'instruction spéciale.

Art. 1er. La présente instruction a pour but de compléter l'instruction sur les inspections générales (Dispositions communes à toutes les armes). Elle contient l'indication des dispositions spéciales aux corps d'infanterie.

DISPOSITIONS APPLICABLES A TOUS LES CORPS D'INFANTERIE.

Ire SECTION.

REVUE D'ENSEMBLE.

Voir les articles 15, 16 et 17 de l'instruction sur les inspections générales (Dispositions communes à toutes les armes).

IIe SECTION.

REVUE DE DÉTAIL.

Mobilisation.

Art. 2. L'inspecteur général se fait présenter les répertoires des réservistes et disponibles, établis conformément aux prescriptions

dr chapitre VI de l'instruction du 28 décembre 1879, édition refondue (Bureau des Réserves et de l'Armée territoriale).

Il s'assure que les prescriptions du chapitre VIII de la même instruction, relatives au passage des hommes dans les diverses catégories, sont l'objet de recommandations spéciales aux commandants de compagnie.

Il vérifie si, conformément aux prescriptions de la lettre confidentielle du 23 juillet 1891, la liste des sous-officiers et caporaux à prélever en cas de mobilisation sur les trois bataillons des régiments subdivisionnaires, pour le dépôt, le 4e bataillon de ces régiments, et les bataillons territoriaux des régiments mixtes correspondants, est constamment tenue à jour, et si elle ne renferme aucune non-valeur.

Il examine si les journaux et carnets de l'armée territoriale sont constamment tenus à jour et si les renseignements qu'ils renferment sont communiqués aux intéressés au moment des périodes qu'ils accomplissent.

Justification des services des officiers

Art. 3. D'après les dispositions de l'instruction ministérielle du 11 septembre 1875, pour l'application du décret du 7 août précédent, il n'y a plus lieu de demander au ministère de la guerre la vérification des services antérieurs des officiers, avant de les faire inscrire sur le registre matricule. Les conseils d'administration doivent s'adresser, pour obtenir la justification de ces services, aux commandants des corps ou des établissements militaires auxquels les officiers ont appartenu.

Armement.

Art. 4. L'inspecteur général s'assure que les officiers sont pourvus du revolver modèle 1874.

Tous les corps d'infanterie, qui ne sont pas stationnés dans les places où le service de l'artillerie possède des salles d'armes, ont leur armement de réserve dans les magasins installés dans les casernes.

Les fonctions d'officier d'armement doivent être confiées à des officiers ayant suivi les cours des écoles de tir, chaque fois que cela est possible.

L'inspecteur général s'assure que l'armement est placé dans un local convenable, que les armes sont bien entretenues et qu'elles peuvent être mises en service au premier ordre de mobilisation.

Un ouvrier armurier en plus a été, dans ce but, accordé à chaque régiment d'infanterie (Circulaire du 28 janvier 1876, *Journal militaire*, partie réglementaire, page 96). Les corps sont, en outre, autorisés à employer en permanence, pour l'entretien des armes n'appartenant pas au service courant, un ouvrier auxiliaire par mille armements ou fraction de mille au moins égale à cinq cents (Circulaire du 8 août 1881).

Enfin, pour assurer le bon fonctionnement des armes, les fusils composant l'armement de réserve du corps doivent être mis successivement en service, par voie de roulement, de manière à changer les armes mises en service à chaque appel de réservistes (Article 54 du règlement du 30 août 1884 et note ministérielle du 21 août 1888).

L'inspecteur général rappelle aux corps les dispositions de la note du 8 février 1888, prescrivant que les fusils ne recevront plus la marque du corps sur la plaque de couche.

L'inspecteur général vérifie si les armes confiées aux réservistes et aux hommes de l'armée territoriale, pendant les périodes d'instruction, sont ou ont été l'objet des soins nécessaires, pour éviter les dégradations, dont les chefs de corps peuvent, dans certains cas, être rendus pécuniairement responsables (Lettre collective du 14 mars 1882, n° 17, 3ᵉ Direction, 2ᵉ Bureau).

L'inspecteur général s'assure de l'exécution des dispositions contenues dans la note ministérielle du 12 avril 1886, relative au dégât des munitions mises à la disposition des hommes, dans celle du 13 octobre 1888 concernant la consommation des munitions d'exercice, et dans celles des 26 novembre 1885 et 23 décembre 1888, ayant trait au versement des étuis pouvant contenir des matières explosibles et aux mesures à prendre pour assurer la conservation du laiton des étuis de cartouche provenant du tir.

Munitions.

Art. 5. Les corps possèdent, dans les locaux dépendant du casernement, leurs cartouches d'exercice. La plupart d'entre eux sont, en outre, détenteurs d'approvisionnements de munitions destinés à la mobilisation.

Les rapports des officiers inspecteurs d'armes montrent que les prescriptions réglementaires ne sont pas toujours observées.

La conservation des munitions ayant une importance considérable, l'inspecteur général doit vérifier si les cartouches sont emmagasinées dans des locaux convenables, si toutes les précautions nécessaires sont prises pour assurer leur maintien en bon état, et si l'on se conforme aux prescriptions de la note ministérielle du 12 avril 1886, relative aux cartouches, aux balles à tir réduit et aux cartouches à blanc, délivrées pour les exercices et qui n'ont pas été employées.

Il se fait rendre compte des résultats de la vérification annuelle des cartouches prescrite par l'instruction du 27 novembre 1887, 'annexe 1 du 2⁹ juillet 1889, et la lettre collective du 13 novembre 1890 (3ᵉ Direction, 2ᵉ Bureau).

Service de l'habillement.

Art. 6. L'inspecteur général s'assure que, dans l'ensemble des collections 1 et 2, il entre, par homme de l'effectif de paix, un effet d'équipement de chaque espèce susceptible d'un bon service de guerre (art. 53 de l'instruction du 18 mars 1889).

Il veille à l'application des instructions ministérielles concernant :

1° La chaussure de mobilisation (lettre collective du 21 mars 1891);

2° L'adoption du nouvel équipement. (Lettre collective du 17 janvier 1892, insérée au *Bulletin officiel*, 1ᵉʳ semestre, p. 25.) Il s'assure que les chefs de corps ont constitué, tout d'abord, l'approvisionnement des régiments actifs (effectif de paix et réservistes).

Équipages régimentaires.

Art. 7. Le matériel et le harnachement de l'artillerie et des équipages militaires délivrés aux corps d'infanterie, pour le cas de mobilisation, doivent être l'objet de soins constants, et se trouver toujours au complet et en état de faire un bon service.

Les voitures régimentaires à deux roues laissées au corps, pour le service journalier, doivent seules être employées à cet usage. Il en est de même du harnachement.

En cas de changement de garnison de deux corps d'infanterie entre eux, le matériel de mobilisation doit être laissé sur place (Note ministérielle du 3 juillet 1884, insérée au *Journal militaire*, 2ᵉ semestre, partie réglementaire, page 16).

Aux termes de la circulaire du 10 décembre 1887, les régiments d'infanterie doivent être pourvus de 4 voitures attelées pour le service journalier.

Outils.

Art. 8. La note ministérielle du 24 juin 1880 (*Journal militaire*, 1ᵉʳ semestre, page 345, et 2ᵉ semestre, page 139) a fixé le nombre et la répartition des outils portatifs dans chaque compagnie en temps de paix. L'instruction du 8 août 1880, modifiée par l'instruction provisoire du 29 mars 1890 et par l'instruction du 18 novembre 1891 relative à l'emploi de la voiture de compagnie, renferme les dispositions concernant l'emploi, le chargement, la marque, l'entretien, la réparation, la réforme et le remplacement des outils de toute nature mis en service dans les troupes d'infanterie.

L'instruction du 31 juillet 1876, modifiée par la décision ministérielle du 24 octobre 1878 et par l'instruction ministérielle du 1ᵉʳ mars 1881, détermine les conditions dans lesquelles il peut être fait usage des outils dont sont pourvus actuellement les corps de troupe d'infanterie, et les mesures à prendre en cas de perte par force majeure, de détérioration, de réparation, etc., dont le montant est imputable au compte de l'Etat. La note ministérielle du 15 mai 1879 et l'instruction ministérielle du 1er mars 1881 déterminent le mode de remboursement des dépenses pour réparations à ces outils.

Service des écuries. — Matériel (harnachement et ferrage). — Casernement.

Art. 9. L'inspecteur général s'assure que le service des écuries est organisé et fonctionne conformément aux prescriptions du chapitre XLI du décret du 28 décembre 1883, portant règlement sur le service intérieur des troupes d'infanterie.

Il constate si les dispositions du règlement du 28 février 1883, sur le fonctionnement de la masse d'entretien du harnachement et ferrage (1re Direction, 2e Bureau), sont rigoureusement observées.

Dans les 1er, 14e et 18e corps d'armée, chargés de la mise en essai du règlement du 11 octobre 1889, sur le service du harnachement, il se rend compte des conditions dans lesquelles cette expérience se poursuit et propose, s'il y a lieu, les modifications à introduire dans le règlement définitif.

Il s'assure qu'un approvisionnement de ferrures de réserve pour les chevaux d'officiers et de troupe a été constitué et que les corps se conforment aux prescriptions de la circulaire ministérielle du 16 janvier 1891 (Direction de l'Infanterie, 2e Bureau), relative au renouvellement ou à l'échange de ces ferrures.

Il se rend compte de l'exécution des prescriptions de la lettre collective du 20 janvier 1892 (Infanterie, 2e Bureau) au sujet du mode d'achat par les corps de troupes des matériaux et fournitures nécessaires à l'exécution des travaux confiés aux sapeurs ouvriers d'art.

Remonte des officiers, chevaux et mulets de troupe.

Art. 10. L'inspecteur général s'assure que les chevaux d'officiers ainsi que les chevaux et mulets de troupe remplissent les conditions désirables et qu'ils sont convenablement soignés.

Hygiène, bains chauds.

Art. 11. L'inspecteur général s'assure que des conférences sont faites par le médecin-major aux officiers, et par le médecin aide-major aux adjudants et aux sous-officiers, sur les règles de l'hygiène indispensables à suivre en temps de paix et en campagne.

Il se reporte aux prescriptions de l'instruction sur les inspections générales (Dispositions communes à toutes les armes), concernant les mesures à prendre pour assurer en tout temps la propreté et la salubrité du casernement.

Il examine si chaque corps possède un système de bains chauds (Circulaire du 31 juillet 1879 et Note ministérielle du 23 mars

1882. — 1ʳᵉ Direction, 2ᵉ Bureau; Circulaire du 24 septembre 1880.
4ᵉ Direction, 2ᵉ Bureau).

Mess de sous-officiers.

Art. 12. L'inspecteur général rend compte dans un rapport spécial (Direction de l'Infanterie, 2° Bureau) des dispositions prises pour améliorer la situation matérielle des sous-officiers et particulièrement pour organiser des mess dans les corps où il n'en existe pas.

IIIᵉ SECTION.

EXAMEN DE L'INSTRUCTION.

Instruction des officiers de l'armée active, de la réserve et de l'armée territoriale.

Art. 13. L'inspecteur général se fait présenter les programmes des conférences régimentaires, qui doivent être faites conformément aux prescriptions de la circulaire du 16 mai 1878 (1ʳᵉ Direction, 2ᵉ Bureau).

Il s'assure qu'il est fait mention sur les feuillets du personnel et sur les feuilles de notes individuelles, des encouragements adressés par le Ministre aux officiers qui ont fourni des travaux d'étude remarquables (Lettre collective du 21 novembre 1882, 1ʳᵉ Direction, 2ᵉ Bureau), ainsi que des notes et des lettres de félicitations méritées par les officiers qui ont pris part aux travaux topographiques des levés de précision, de la carte d'Algérie ou de la revision de la carte de France.

Il constate si les officiers d'approvisionnement ont accompli le stage d'un mois prescrit par les circulaires du 5 juillet 1882 et du 10 avril 1883 (1ʳᵉ Direction, 2ᵉ Bureau), et s'assure qu'ils sont aptes à remplir leurs fonctions à l'intérieur comme en campagne.

Il s'assure que, partout où cela est possible, un cours d'équitation est organisé et fonctionne régulièrement.

L'inspecteur général établit dans chaque corps l'état nominatif des officiers qui possèdent des connaissances spéciales (art militaire, topographie, géographie, tactique, tir, etc.), et qui peuvent être désignés comme professeurs dans les écoles militaires, comme membres de commissions d'études ou d'examen, ou chargés de missions particulières; cet état est envoyé à la direction de l'infanterie (2ᵉ Bureau).

Il se rend compte des dispositions prises pour développer et entretenir les connaissances militaires des officiers de réserve et de l'armée territoriale, conformément à l'instruction du 8 avril 1889.

Il s'assure que ceux de ces officiers qui sont pourvus d'emplois spéciaux, tels qu'officiers de détail, d'approvisionnement, adjudants-majors, etc., sont exercés, pendant les périodes qu'ils accomplissent, aux fonctions qu'ils auraient à remplir en cas de mobilisation.

Instruction des sous-officiers et caporaux.

Art. 14. L'inspecteur général s'assure que les sous-officiers et caporaux possèdent les connaissances théoriques nécessaires pour être à hauteur des fonctions et des obligations de leur grade, soit en temps de paix, soit en temps de guerre.

Il vérifie si les comptables ou les sous-officiers susceptibles de le devenir ont suivi un cours d'administration ou de comptabilité.

Il constate si tous les sous-officiers ont reçu quelques notions élémentaires de topographie et ont été exercés à rédiger un rapport succinct sur les applications du service en campagne, en l'accompagnant, autant que possible, d'un croquis très simple.

Instruction de la troupe.

Art. 15. L'inspecteur général constate si la troupe se présente bien sous les armes; si les écoles du soldat, de compagnie, de bataillon et de régiment, à rangs serrés, s'exécutent avec l'ordre, la vigueur et l'ensemble nécessaires.

Son attention se porte d'une manière toute spéciale sur les exercices en ordre dispersé. Il fait exécuter en sa présence diverses manœuvres en terrain varié, d'après des thèmes qu'il aura choisis, et, lorsque les circonstances le permettent, une manœuvre de garnison de plusieurs armes combinées dans les conditions prévues par l'instruction du 16 janvier 1891.

Il rappelle, s'il y a lieu, à la stricte observation des règlements. (Lettre ministérielle du 3 décembre 1888.)

Il s'assure que les prescriptions de la circulaire du 15 mai 1877, relative au chargement du sac, sont observées.

Il vérifie si les soldats ayant accompli une période d'instruction dans les escadrons du train des équipages sont en mesure de conduire les voitures ou les caissons de munitions.

Il se fait rendre compte de l'exécution des prescriptions de la note ministérielle du 6 mars 1890, relative au stage à faire dans la cavalerie ou le train des équipages militaires, par des soldats des corps d'infanterie destinés à devenir ordonnances des officiers montés.

L'inspecteur général examine d'une façon toute particulière les conditions dans lesquelles sont appliquées les prescriptions relatives à la marche annuelle de l'instruction. (Circulaires des 7 octobre 1887, 23 octobre 1889 et 13 novembre 1890) et consigne dans le rapport demandé pour le 15 octobre prochain par la lettre collective du 17 novembre 1891 (Infanterie, 2ᵉ Bureau) les résultats de l'examen de l'instruction pratique des officiers, sous-officiers, caporaux et soldats des corps dépendant de son arrondissement d'inspection.

Il constate les résultats de l'application du règlement du 9 novembre 1890, complété par la note ministérielle du 30 mai 1891, et de la circulaire non insérée du 29 décembre 1890, relatifs à l'instruction des dispensés, en vue du recrutement des officiers de réserve, et en rend compte, pour l'année 1891, dans un rapport joint au livret d'inspection.

Les dispositions de ce règlement sont applicables au contingent algérien.

Tir.

Art. 15. L'inspecteur général s'assure que les généraux et les chefs de corps assistent souvent aux exercices de tir; qu'ils les encouragent par tous les moyens et usent de toute leur influence pour faire comprendre aux cadres et aux soldats l'importance de cette partie de l'instruction.

Dans le même but, l'inspecteur général distribue les prix décernés aux meilleurs tireurs, conformément aux prescriptions du règlement sur l'instruction du tir, si le classement est arrêté au moment de son inspection.

L'inspecteur général examine si l'instruction individuelle du tireur est l'objet des préoccupations constantes des instructeurs. Il rappelle que la méthode et le soin avec lesquels les exercices préparatoires de tir sont enseignés exercent la plus grande influence sur les résultats obtenus, et que la plupart des maladresses ou des erreurs commises dans le tir sont dues à une préparation insuffisante.

Il fait exécuter, en sa présence, les tirs prévus par le règlement sur l'instruction du tir du 1er mars 1888 (n° 161) et il en transmet le compte rendu au Ministre (Infanterie, 2e Bureau).

Il s'assure que les prescriptions de la lettre collective du 16 décembre 1890 sont exactement observées.

Il examine si des dispositions ont été prises dans chaque corps.

1° Pour éviter les accidents dans les abris de marqueurs pendant les exercices de tir à la cible (établissement des abris de marqueurs, conformément aux prescriptions du règlement sur l'instruction du tir; emploi des lunettes de cantonnier; entretien du biseau des cibles, etc.);

2° Pour assurer l'application des dispositions de l'instruction du 27 janvier 1882, relative à l'exécution du tir réduit, spécialement en ce qui concerne l'installation des stands et la fabrication des cartouches;

3° Pour faire exécuter les tirs de perfectionnement;

4° Pour faire exécuter dans les polygones, ou sur les terrains qui auront pu être momentanément mis à la disposition des corps, les exercices de tir de combat qui sont le complément indispensable de l'instruction.

Il rend compte de l'état des champs de tir et des difficultés de toute nature que peuvent rencontrer les corps dans l'exécution des tirs réglementaires. Les observations et les propositions qu'il juge de nature à assurer cette partie importante de l'instruction sont transmises au Ministre (Infanterie, 2° Bureau) dans un rapport spécial par corps.

Il se rend compte des résultats obtenus dans les divers genres de tir et des progrès réalisés.

L'inspecteur général accorde des permissions de trente jours aux tireurs qui ont obtenu des prix de l'année ou des prix de concours, pourvu toutefois qu'ils se soient montrés dignes de cette faveur par leur bonne conduite.

L'inspecteur général s'assure que les officiers, sous-officiers et soldats armés du revolver ont été exercés au montage, au démontage, à l'entretien et au tir de cette arme, dans les conditions indiquées par le règlement sur les manœuvres de l'infanterie et le règlement sur l'instruction du tir.

Les officiers qui ont obtenu le n° 1 sur la liste de classement établie à la clôture de chaque cours des écoles régionales de tir sont proposés d'office pour l'avancement par les commissions régionales, en sus du nombre fixé pour chaque corps d'armée, s'ils remplissent les conditions d'ancienneté voulues.

Travaux de campagne.

Art. 17. L'inspecteur général examine comment, dans l'enseignement théorique et pratique des travaux de campagne. les prescriptions de l'instruction du 23 mars 1878 ont été appliquées, et s'assure que l'instruction provisoire du 9 août 1890 a été suivie dans les travaux de ce genre.

Il rappelle aux corps que les outils à mettre en œuvre sont les outils portatifs et ceux des voitures et des mulets de bât.

Manœuvre du canon et de la pompe à incendie.

Art. 18. L'inspecteur général s'assure que la manœuvre du canon est enseignée dans les corps de troupe affectés à la défense des places fortes ou des forts.

Il vérifie si une équipe spéciale est exercée à la manœuvre de la pompe à incendie. (Circulaire du 13 novembre 1890.)

Gymnastique et escrime.

Art. 19. L'inspecteur général examine les écoles de gymnastique et d'escrime.

Gymnastique. — Il s'assure que le matériel de gymnastique est en bon état et conforme à la nomenclature contenue dans le manuel du 26 juillet 1877.

Dans les détachements qui manquent encore de matériel fixe, et qu'il y aurait intérêt à pourvoir de ce matériel, les constructions nécessaires feront l'objet de demandes établies dans les conditions déterminées par la circulaire ministérielle du 12 mai 1888, et seront adressées au Ministre (1ᵣᵉ Direction, 2ᵉ Bureau).

L'inspecteur général rend compte dans un rapport spécial (Direction de l'Infanterie, 2ᵉ Bureau) des résultats de l'application de la note ministérielle du 10 décembre 1889 en ce qui concerne l'envoi, tous les deux ans, à l'Ecole normale de gymnastique d'un sous-officier par corps de troupe.

Il accorde aux moniteurs et aux élèves qui se seront le plus distingués des gratifications qui sont décernées à la revue d'honneur et peuvent s'élever à 60 francs par régiment d'infanterie.

Il veille à ce que dans cet enseignement, comme pour tous les exercices du corps, on ne s'attache pas seulement à former quelques sujets exceptionnels, en négligeant l'instruction qu'il importe de donner à tous les hommes, en vue de développer leur force physique et leur adresse.

Escrime. — L'inspecteur général s'assure que les prescriptions réglementaires concernant l'enseignement de l'escrime sont observées et que, notamment, les soldats ne le reçoivent qu'à partir de la deuxième année de service.

Il examine les dispositions prises pour donner cet enseignement aux officiers et aux sous-officiers.

Les prévôts désignés pour suivre le cours d'escrime de l'Ecole normale doivent être inscrits au tableau d'avancement pour le grade de caporal, s'ils ne sont pas déjà pourvus de ce grade.

Gratifications au personnel enseignant. — L'inspecteur général peut accorder au personnel enseignant des gratifications dont les chiffres maxima sont fixés ainsi qu'il suit :

158 francs pour les régiments d'infanterie de ligne, de zouaves, de tirailleurs algériens et les régiments étrangers ;
73 francs pour les bataillons de chasseurs à pied ;
18 francs pour les bataillons d'infanterie légère d'Afrique, dans lesquels l'enseignement de l'escrime est organisé.

Écoles de natation, boxe et bâton.

Art. 20. L'inspecteur général examine si, pour les écoles de natation, la boxe et le bâton, on s'est conformé aux principes établis par le manuel de gymnastique du 28 juillet 1877, et s'il a été tenu compte des prescriptions de la circulaire ministérielle du 13 novembre 1890 sur la marche annuelle de l'instruction.

Il constate les conditions dans lesquelles a pu être installée l'école de natation.

Il s'assure, enfin, qu'en ce qui concerne la réforme et le remplacement du matériel des diverses écoles régimentaires en général, on procède d'après les indications des instructions du 22 décembre 1887 et du 12 mai 1888.

IVe SECTION.

EXAMEN DE L'ADMINISTRATION.

Administration.

Art. 21. L'inspecteur général se conforme aux règles posées dans les instructions sur les inspections générales (Dispositions communes à toutes les armes).

Ve SECTION.

TRAVAUX DE CLÔTURE DE L'INSPECTION.

Notes et propositions.

Art. 22. Les dispositions des articles 56 à 78 de l'instruction sur les inspections générales (Dispositions communes à toutes les armes) sont en tous points applicables à l'infanterie, en tenant compte toutefois des indications contenues dans les articles ci-après.

Officiers détachés momentanément de leurs corps dans une brigade
topographique.

Art. 23. Lorsque l'inspecteur général juge nécessaire de convoquer à son corps, pendant les opérations de l'inspection générale, un officier détaché dans une brigade topographique, il en avise, s'il y a lieu, le commandant du corps d'armée sur le territoire duquel l'officier réside.

Cet officier général donne les ordres de mise en route nécessaires pour que l'officier se trouve rendu à son corps en temps utile.

L'officier déplacé n'est retenu que pendant le temps nécessaire pour ses examens.

Officiers détachés dans des écoles ou services ne relevant pas de leur arme.

Art. 24. 1° *Ecoles.* — Conformément à l'article 6 de l'instruction sur les inspections générales (dispositions communes), les officiers d'infanterie faisant partie du cadre de l'Ecole d'application de l'artillerie et du génie de Fontainebleau seront inspectés par l'inspecteur général de l'Ecole spéciale militaire de Saint-Cyr.

2° *Services ou établissements.* — Par application du 5e paragraphe de l'article 59 de l'instruction précitée, les officiers d'infanterie

détachés à la commission d'expériences de Versailles seront inspectés personnellement par M. le gouverneur militaire de Paris ou
son délégué.

Les officiers d'infanterie détachés temporairement dans une
manufacture d'armes, une cartoucherie ou une poudrerie, seront
inspectés par l'inspecteur général du corps auquel ils appartiennent,
qui les convoquera lorsqu'il le jugera utile.

Elèves officiers.

Art. 25. L'admission au concours pour l'Ecole militaire d'infanterie constituant une véritable proposition pour le grade de sous-
lieutenant, l'inspecteur général s'assure que les candidats présentent toutes les garanties que l'on doit exiger d'un officier. Le fait de
réunir les conditions d'ancienneté et d'instruction requises ne
saurait donc créer, à lui seul, des droits à une proposition.

La nature des punitions encourues par les candidats doit être
l'objet d'une attention toute spéciale.

L'inspecteur général examine avec le plus grand soin les candidats sous le rapport de l'aptitude professionnelle. Il s'assure qu'ils
ont exercé effectivement les fonctions de leur grade et n'en ont pas
été dispensés d'une manière abusive, en vue de la préparation de
leurs examens. Il se conforme, à cet égard, aux dispositions de la
lettre collective du 29 avril 1889.

Examen des officiers proposés.

Art. 26. Tous les officiers doivent posséder l'instruction déterminée par l'article 44 du titre I du règlement du 3 janvier 1889.

Les candidats à l'avancement sont examinés en outre sur :

1° La tactique de l'infanterie ;

2° Le service en campagne ;

3° Le tir des armes portatives ;

4° La fortification passagère.

L'inspecteur général s'assure, en outre, que les candidats aux
grades de chef de bataillon et de capitaine sont aptes à conduire un
cheval devant la troupe à la manœuvre.

Il contrôle avec la plus grande attention l'instruction générale,
l'instruction militaire et les aptitudes au commandement des candidats aux grades supérieurs.

L'inspecteur général fixe, pour les examens, une date postérieure
au 15 juillet, de façon que les officiers détachés comme élèves
dans les écoles de tir et de gymnastique, qui seraient candidats à
l'avancement, puissent subir les épreuves à leur rentrée au corps.

Ancienneté minima des candidats à l'avancement et contingent régional des inscriptions ou des présentations.

Art. 27. Les candidats proposés pour l'avancement devront avoir
l'ancienneté minima déterminée ci-après, savoir :

Les chefs de bataillon . . . . . . 31 décembre 1887.
Les capitaines. . . . . 31 décembre 1885.
Les lieutenants . . . . 31 décembre 1889.

Le gouverneur militaire ou commandant de corps d'armée adresse, avant le 15 juillet, au Ministre (1ʳᵉ Direction, 1ᵉʳ Bureau), un état indiquant pour chaque nature de proposition (avancement, Légion d'honneur, médaille militaire) le nombre des candidats qui, réunissant les conditions voulues pour être proposés, sont placés à la date du 1ᵉʳ juillet dans le ressort de chaque commission régionale ; cet état est nominatif pour les candidats aux grades de chef de bataillon et lieutenant-colonel, numérique pour tous les autres candidats.

Après vérification des renseignements ainsi envoyés, le Ministre fixe, et fait connaître avant le 1ᵉʳ septembre, à chaque commission régionale, la part qui lui revient dans les inscriptions et les présentations.

Dans la 6ᵉ région, la commission d'arme de l'infanterie se subdivise en deux groupes opérant, sous la présidence du commandant du corps d'armée, le premier pour les 11ᵉ et 12ᵉ divisions, les 146ᵉ et 153ᵉ régiments régionaux et les 1ᵉʳ, 2ᵉ, 4ᵉ et 9ᵉ bataillons de chasseurs ; le second pour les 39ᵉ et 40ᵉ divisions, la division des Vosges et les bataillons de chasseurs qui font partie de ces deux dernières divisions.

Aux termes du troisième paragraphe de l'article 6 du décret du 2 avril 1889, les commandants supérieurs de la défense et leurs adjoints, quand il y a lieu, ne doivent être admis dans la commission régionale de leur corps d'armée que s'il se trouve dans leur commandement des troupes d'infanterie relevant entièrement de leur autorité pour toutes les parties du service, soit par application du règlement du 4 décembre 1886, soit en exécution d'une décision particulière du commandant du corps d'armée. Lorsque les commandants supérieurs de la défense, ou leurs adjoints, n'ont sur ces troupes qu'une action territoriale, ils ne sont pas appelés à faire partie de la commission régionale.

Propositions pour des fonctions spéciales.

Art. 28. L'inspecteur général signale au Ministre les chefs de bataillon ainsi que les capitaines susceptibles d'être promus à l'ancienneté qui lui paraissent aptes à occuper l'emploi de major.

Il désigne pour des fonctions spéciales, savoir :

Pour l'emploi de trésorier . . . . .
Pour l'emploi de capitaine d'habillement. . . . .
{ Des capitaines dans les conditions spécifiées à l'article 70 de l'instruction commune à toutes les armes.
A défaut de capitaines, des lieutenants. La proposition établie en faveur de ces derniers n'aura d'effet que lors de leur promotion au grade de capitaine.

Pour l'emploi d'adjoint au trésorier...................... Pour l'emploi de lieutenant-trésorier des bataillons formant corps......................	Des lieutenants dans les conditions spécifiées à l'article 70 de l'instruction commune à toutes les armes. A défaut de lieutenants, des sous-lieutenants. La proposition établie en faveur de ces derniers n'aura d'effet que lors de leur promotion au grade de lieutenant.
Pour l'emploi de porte-drapeau.	Des sous-lieutenants ou des lieutenants de 2e classe ayant au moins cinq ans de service effectif et susceptibles de remplir les fonctions d'officier d'armement délégué pour l'habillement. La proposition établie en faveur des sous-lieutenants n'aura d'effet que lors de leur promotion au grade de lieutenant.

Lorsque les capitaines proposés pour les emplois d'adjudant-major, de trésorier et de capitaine d'habillement, et les lieutenants proposés pour les emplois d'adjoint au trésorier, consentent à remplir ces fonctions dans tous les corps indistinctement, mention en est faite sur l'état de proposition, auquel est jointe la déclaration écrite de chaque candidat, et, dans ce cas, l'état est transmis au Ministre.

Les états de concours pour les fonctions spéciales ne sont valables que jusqu'à l'arrivée au ministère du travail d'inspection de chaque corps.

Les chefs de corps doivent se préoccuper à l'avance du remplacement de leurs officiers comptables et de la désignation de l'adjudant-major appelé a exercer les fonctions de capitaine-major pendant les grandes manœuvres et en campagne.

Candidatures non reproduites.

Art. 29. Lorsqu'un candidat classé au tableau d'avancement ou proposé pour l'admission ou l'avancement dans la Légion d'honneur, ou pour la médaille militaire, est devenu indigne d'obtenir l'avancement ou la récompense pour laquelle il concourt, l'inspecteur général doit provoquer une décision ministérielle sans aucun délai et surtout sans attendre l'envoi de son travail d'inspection.

Propositions pour le grade de sous-lieutenant de réserve.

Art. 30. Afin d'assurer le recrutement des sous-lieutenants de réserve, les chefs de corps présentent, pour ce grade, tous les sous-officiers qui réunissent les conditions d'aptitude exigées et qui en font la demande.

Propositions pour le grade d'adjudant de réserve.

Art. 31. L'inspecteur général s'assure que, conformément à la circulaire du 25 avril 1887 (Infanterie, 1er Bureau), chaque compagnie compte un adjudant de réserve. Dans le cas contraire, il donne les ordres nécessaires pour qu'il y soit pourvu dans le plus bref délai.

Propositions pour le grade de caporal de réserve.

Art. 32. L'inspecteur général fait établir et approuve, dans tous les corps d'infanterie qu'il est chargé d'inspecter, l'état nominatif des hommes qui doivent être renvoyés dans leurs foyers à l'automne, et qui sont reconnus susceptibles d'être nommés plus tard caporaux de réserve.

Une mention spéciale est inscrite, à l'époque de leur renvoi, sur les livrets matricules et sur les livrets individuels des hommes portés sur cet état, afin que les corps auxquels ils sont affectés, comme disponibles ou réservistes, aient les renseignements nécessaires pour pourvoir aux vacances de caporal, en cas de mobilisation.

Les corps auxquels les disponibles et réservistes sont affectés établissent à leur tour, à l'aide des livrets matricules, et tiennent au courant une liste des disponibles et réservistes candidats au grade de caporal de réserve, de manière à être constamment en mesure d'assurer la constitution du cadre des caporaux sur le pied de guerre (Circulaire ministérielle du 24 juin 1879).

Rapports à fournir sur les capitaines et les lieutenants
les plus anciens de l'arme.

Art. 33. Les rapports particuliers prescrits par l'instruction commune à toutes les armes sont établis pour tous les capitaines d'une ancienneté supérieure à celle du 1er janvier 1879, et pour tous les lieutenants d'une ancienneté supérieure à celle du 1er juillet 1886.

Ils sont établis, non seulement pour les officiers des corps de troupe, mais encore pour ceux qui sont employés dans un service quelconque, qu'ils soient hors cadre ou simplement détachés de leurs corps.

Permutations et changements de corps. Cadre complémentaire.

Art. 34. Les majors ne peuvent être admis à permuter d'office avec des chefs de bataillon, qu'après avoir accompli deux années d'exercice de leurs fonctions. Les majors nommés d'office pourront, en outre, permuter de gré à gré dès l'expiration de leur première année de fonctions.

Toutefois, les majors ne peuvent jamais permuter avec des chefs de bataillon proposés pour la retraite. Les demandes de permutation de cette nature ne seront pas transmises au Ministre.

Les chefs de bataillon du cadre complémentaire doivent être proposés d'office pour le commandement d'un bataillon aussitôt qu'une vacance de cette nature se produit dans le corps, ou que le commandant d'un des trois premiers bataillons quitte le corps par permutation.

Conformément aux dispositions du décret du 19 novembre 1887, les changements d'emploi, les nominations aux emplois spéciaux et les classements dans les diverses unités ou emplois sont prononcés, dans le même corps de troupe, par le général commandant le corps d'armée pour les officiers des grades de capitaine, lieutenant et sous-lieutenant.

L'inspecteur général vérifie si, conformément aux prescriptions de l'article 2 du même décret, le cadre complémentaire ne comprend pas plus du quart des non-valeurs totales du régiment dans les emplois de capitaine et de lieutenant de compagnie. Il prescrit ou provoque immédiatement les mutations nécessaires pour rétablir cette proportion si elle a été dépassée.

Il s'assure que les prescriptions de la circulaire du 28 mars 1889, relatives au classement dans les compagnies des capitaines adjudants-majors compris dans la première moitié de la liste d'ancienneté et des capitaines du cadre complémentaire sont observées, et que les officiers de ces deux catégories sont pourvus d'office et à leur tour d'ancienneté d'un emploi dans les compagnies aussitôt que les vacances se produisent et sans attendre un décret de promotion.

Si la vacance résulte d'un décret de promotion, elle est attribuée de plein droit à l'officier le plus ancien présent au corps (adjudant-major ou capitaine du cadre complémentaire), quelle que soit l'ancienneté du capitaine nouvellement affecté au corps par promotion ou mutation.

La même règle s'applique aux lieutenants du cadre complémentaire qui doivent être pourvus, d'après leur ancienneté, des vacances qui se produisent dans les compagnies, de telle sorte que le cadre complémentaire soit toujours composé, en principe, des quatre plus jeunes lieutenants.

Relèvement périodique des bataillons détachés.

Art. 35. L'inspecteur général s'assure que le relèvement des bataillons détachés s'effectue d'après les prescriptions de la lettre collective du 6 décembre 1887 (État-major de l'armée, 1er Bureau) ou conformément aux décisions particulières prises pour certains corps.

Le relèvement des compagnies de dépôt dans les régiments de zouaves et de tirailleurs algériens continuera à s'effectuer tous les deux ans, conformément à la décision ministérielle du 4 octobre 1878. Dans les compagnies de dépôt de zouaves stationnées en France, le relèvement périodique ne sera appliqué qu'aux officiers, ainsi qu'aux sous-officiers, tambours et clairons rengagés (Décision ministérielle du 13 décembre 1884).

Le relèvement du petit dépôt des tirailleurs, à Avignon, est réglé par la dépêche ministérielle du 6 octobre 1890 (État-major de l'armée ; 1er Bureau).

Prix à décerner à des militaires ou à des enfants de troupe
des corps d'infanterie.

Art. 36. L'inspecteur général adresse, par lettre spéciale, au Ministre (Direction de l'Infanterie, 1er Bureau), les procès-verbaux constatant la désignation des militaires ou des enfants de troupe jugés dignes d'obtenir les prix affectés à l'infanterie, par suite des dons et legs faits à l'armée.

La nomenclature de ces dons ou legs est contenue dans l'annexe n° 1 jointe à la présente instruction.

Indépendamment des prix dévolus à l'infanterie, il en est d'autres pour lesquels concourent les militaires et les enfants de troupe de toutes armes. L'inspecteur général recevra des instructions particulières, lorsqu'il y aura lieu de désigner pour ces prix des candidats de l'arme de l'infanterie.

L'inspecteur général signale au Ministre les cantinières qui, par leur courageuse conduite, auraient mérité le prix fondé par M. le général de Mylius.

Les enfants de troupe qui ont obtenu des prix de la donation de Feuchères ou de la donation anonyme de 1818 sont déchus de leurs droits à ces prix et doivent être remplacés par de nouveaux candidats, si, avant leur radiation des contrôles, ils n'ont pas contracté un engagement volontaire de cinq ans au moins, conformément aux dispositions de la note ministérielle du 18 février 1869.

L'inspecteur général s'assurera que ces dispositions sont exécutées.

DISPOSITIONS PARTICULIÈRES
AUX CORPS SPÉCIAUX.

BATAILLONS DE CHASSEURS A PIED.

Recrutement et organisation.

Art. 37. L'inspecteur général s'assure que, conformément aux dispositions contenues dans la circulaire du 16 novembre 1877, les jeunes soldats incorporés dans les bataillons de chasseurs à pied sont lestes, vigoureux et bien constitués.

En ce qui concerne spécialement les bataillons de chasseurs stationnés dans les 14e et 15e régions, les jeunes soldats doivent être choisis, de préférence, même s'ils sont d'une taille élevée, parmi les hommes d'une forte constitution et habitués à la marche en montagne. (Circulaire du 19 octobre 1889.)

Tout officier des bataillons de chasseurs à pied désigné pour être détaché d'une manière permanente, est affecté à un régiment d'infanterie et remplacé dans son corps.

L'inspecteur général veillera à l'exécution de ces dispositions.

Exercices gymnastiques.

Art. 38. Les gratifications aux moniteurs et élèves qui se seront le plus distingués dans l'exercice de la gymnastique pourront s'élever à 30 francs par bataillon de chasseurs à pied.

Fonctions spéciales.

Art. 39. Les désignations pour les fonctions spéciales porteront, dans les bataillons de chasseurs à pied, savoir :

Pour l'emploi de capitaine-major...	Sur des capitaines.
Pour l'emploi de capitaine adjudant-major..........	Sur des capitaines, dans les conditions de la lettre collective nº 58, du 28 mars 1889 (Direction de l'Infanterie; 2ᵉ Bureau).
Pour l'emploi de lieutenant trésorier.	Sur des lieutenants ou, à défaut, sur des sous-lieutenants, proposés comme il est dit à l'article 28.
Pour l'emploi de lieutenant officier d'habillement..........	Sur des lieutenants ou, à défaut de lieutenants, sur des sous-lieutenants proposés comme il est dit à l'article 28.

RÉGIMENT DE SAPEURS-POMPIERS DE PARIS.

Organisation.

Art. 40. L'inspecteur général apprécie si le recrutement du régiment de sapeurs-pompiers de Paris s'opère dans de bonnes conditions; si tous les hommes qui composent cette troupe ont une constitution assez robuste pour pouvoir se livrer aux exercices gymnastiques; s'ils suffisent aux exigences de leur service et s'ils ont une conduite régulière.

L'inspecteur ne perd pas de vue que ce régiment a un service spécial, fixé par le règlement du 25 avril 1867, qui le place, pour les exercices et manœuvres, en dehors de certaines conditions communes aux troupes de l'arme de l'infanterie. Il apprécie l'instruction théorique et pratique des officiers, sous-officiers, caporaux et soldats, en ce qui concerne l'attaque des incendies et les sauvetages. Il examine si le recueil historique du régiment est convenablement tenu; si les effets sont conformes aux modèles types; si les rapports administratifs du conseil d'administration du corps avec la ville de Paris sont réguliers; si les hommes utilisent, pour leur instruction, leur séjour fréquent dans les postes de sur-surveillance et enfin si la discipline est ce qu'il convient qu'elle soit dans une troupe qui sert constamment dans la capitale.

Il se fait rendre compte de l'établissement des télégraphes dans les casernes et dans les petits postes; il examine les équipes des pompes à vapeur, chaque pompe de cette nature comportant une équipe composée d'un sergent mécanicien et de quatre caporaux ou sapeurs; enfin, il porte son attention sur la construction et sur l'entretien du matériel d'incendie, et principalement sur les exercices de gymnastique, qui sont la base de l'instruction professionnelle de ce régiment.

Conformément à la décision ministérielle du 16 mai 1884, les sous-officiers chefs d'équipe de pompes à vapeur peuvent être conservés au corps, comme commissionnés, au delà de quarante-sept ans, tant qu'ils seront en état de rendre de bons services.

Fonctions spéciales.

Art. 41. L'inspecteur général inscrit sur les listes d'aptitude aux fonctions spéciales dans le régiment de sapeurs-pompiers de Paris, savoir :

Pour l'emploi d'adjudant-major....	Des capitaines seulement.
Pour l'emploi de trésorier......... Pour l'emploi de capitaine d'habillement.................	Des capitaines et, à défaut de capitaines, des lieutenants dans les conditions indiquées pour les régiments d'infanterie.
Pour l'emploi de capitaine-ingénieur. Pour l'emploi d'instructeur de gymnastique.....................	Des capitaines seulement.

Médailles à décerner aux sapeurs-pompiers qui ont sauvé des animaux
dans des incendies.

Art. 42. La Société protectrice des animaux, dans le but de récompenser le courage et le dévouement dont font journellement preuve les militaires du régiment de sapeurs-pompiers de Paris, pour le sauvetage des animaux dans les incendies, à mis à la disposition du département de la guerre, pour être distribuées chaque année :

1° Une médaille d'argent pour faits exceptionnels ou réitérés ;
2° Deux médailles de bronze pour des actes moins notables.

L'inspecteur général du régiment des sapeurs-pompiers de Paris établit des propositions en faveur des trois candidats, sous-officiers, caporaux ou soldats, qu'il jugera les plus dignes d'obtenir ces médailles.

BATAILLONS D'INFANTERIE LÉGÈRE D'AFRIQUE.

Recrutement.

Art. 43. Les bataillons d'infanterie légère d'Afrique sont destinés, en principe, à recevoir :

1° Les hommes qui ont encouru, avant leur incorporation, les condamnations spécifiées à l'article 5 de la loi du 15 juillet 1889, sur le recrutement de l'armée ;
2° Les militaires compris dans les différentes catégories déterminées par la décision ministérielle du 10 avril 1890. (*Bulletin officiel,* partie réglementaire, page 794.)

Ces bataillons reçoivent, en outre, des engagés volontaires. (Art. 59 de la loi du 15 juillet 1889, et art. 6 du décret du 28 septembre 1889.)

Sous-officiers et caporaux.

Art. 44. L'inspecteur général ne perd pas de vue que les soldats des bataillons d'infanterie légère d'Afrique sont susceptibles, comme ceux des corps de la ligne, d'être promus au grade de caporal, selon les règles établies par l'ordonnance du 16 mars 1838 ; cet avancement présente même un moyen d'émulation dont il importe d'user à l'égard des hommes qui paraissent offrir les garanties d'une bonne conduite à venir.

En conséquence, l'inspecteur général rappelle aux commandants desdits bataillons que, aux termes de l'article 178 de l'ordonnance précitée, ce n'est qu'à défaut de militaires de ces corps, susceptibles d'avancement, que les emplois de caporal et de sous-officier doivent être donnés à des militaires des régiments d'infanterie. Il examine si les caporaux venus d'autres corps ont été choisis avec le soin nécessaire. Les généraux commandant les divisions de l'Algérie peuvent, d'après une décision du 13 décembre 1872, nommer dans les bataillons d'infanterie légère d'Afrique aux emplois vacants de sergent ou de caporal, lorsqu'il existe dans les corps sous leurs ordres des sous-officiers ou des caporaux proposés pour cette destination ; mais, à défaut de candidats, ils doivent en référer au Ministre.

Envoi des soldats dans les compagnies disciplinaires des colonies.

Art. 45. Conformément aux dispositions du décret du 11 octobre 1886 et de la décision ministérielle du 5 octobre 1887, les compagnies disciplinaires des colonies doivent recevoir :

1° Des hommes condamnés, postérieurement à leur incorporation, à une peine correctionnelle de plus de six mois, pour délits communs, c'est-à-dire prévus et punis par le Code pénal ordinaire ;

2° Des militaires qui, depuis leur arrivée sous les drapeaux, se sont attiré plus d'une condamnation correctionnelle, de quelque durée que ce soit et n'importe pour quel fait ;

3° Des militaires condamnés à une peine correctionnelle de plus de six mois, sans distinction de délit, qui auront fait preuve d'instincts pervers et se seront montrés incorrigibles durant leur détention ou depuis leur arrivée aux bataillons d'infanterie légère d'Afrique ;

4° Des soldats des sections soumises au régime des pionniers dans les compagnies de discipline, à l'égard desquels les moyens ordinaires de punition auront été reconnus impuissants.

Les hommes appartenant à ces catégories doivent avoir au

moins douze mois de service à faire, au moment de leur mise en route pour le dépôt des compagnies disciplinaires des colonies. (Décret du 2 février 1891.) Leur désignation pour ces compagnies doit être faite conformément aux prescriptions de la décision ministérielle du 10 avril 1890.

L'inspecteur général s'assure de l'exécution des prescriptions du décret du 27 juillet 1886, relatives aux punitions à infliger aux soldats des bataillons d'infanterie légère d'Afrique.

COMPAGNIES DE DISCIPLINE.

Organisation; supputation des services.

Art. 46. *Organisation.* — L'inspecteur général examine si l'on s'est conformé au décret du 5 juillet 1890, portant organisation des compagnies de discipline, et à l'instruction du 9 juillet 1890, pour l'application de ce décret.

Supputation des services. — Il fait observer que, si la mention de la campagne ne doit pas être faite sur les livrets individuels des disciplinaires, le temps passé par ceux-ci en Afrique doit néanmoins figurer sur les livrets ou registres matricules, de manière à pouvoir être rappelé ultérieurement sur les états de services; car, en cas d'admission à la retraite, la loi de 1831 accorde, sans distinction aucune, le bénéfice de la campagne à tout service en Afrique, quand il est valable pour la pension.

Examen des cadres.

Art. 47. L'inspecteur général s'assure que les officiers, les sous-officiers, les caporaux, les tambours et les clairons, composant le cadre de chacune de ces compagnies, réunissent les conditions de conduite et de fermeté plus particulièrement nécessaires à l'emploi qui leur est confié; il adresse au Ministre des rapports sur les officiers qui ne seraient pas susceptibles d'être maintenus dans ces compagnies.

Quant aux sous-officiers, caporaux, tambours et clairons qui se trouveraient dans le même cas, l'inspecteur général propose au Ministre de les faire permuter avec des militaires de ce grade proposés pour passer dans les cadres des compagnies de discipline. Toutefois, si le remplacement d'un sous-officier ou d'un caporal est demandé pour cause de mauvaise conduite, il n'a lieu qu'après que ce militaire a été cassé de son grade et renvoyé comme simple soldat dans le régiment le plus à proximité.

Propositions pour les emplois de sous-officier.

Art. 48. L'inspecteur général examine les caporaux, les fourriers et les sergents désignés comme susceptibles d'occuper le grade ou l'emploi immédiatement supérieur, et il apporte une attention particulière au choix des sous-officiers qu'il inscrira sur le tableau d'avancement pour l'emploi de sergent-major, attendu l'importance de ces fonctions dans les compagnies de discipline.

L'inspecteur général relate sur ce tableau l'avis du sous-intendant militaire, concernant la capacité et les connaissances administratives des sous-officiers proposés pour les fonctions de sergent-major.

Examen des disciplinaires à libérer du service actif.

Art. 49. L'inspecteur général a soin de ne porter sur les états des hommes à libérer du service actif que ceux dont il a reconnu les droits, après s'être assuré de leur position sous le rapport des obligations qui leur sont imposées au point de vue du recrutement.

Les dispositions prescrites au sujet de l'examen des hommes provenant des pénitenciers militaires et des ateliers de condamnés aux travaux publics sont applicables aux compagnies de discipline.

Attestations de repentir.

Art. 50. Les disciplinaires qui ne se sont pas rendus dignes de rentrer dans l'armée et qui, par conséquent, reçoivent par leur faute leur congé de libération dans les compagnies où ils ont été placés, n'ont pas droit à un certificat de bonne conduite ; mais le commandant de la compagnie de discipline peut délivrer à ceux d'entre eux qui, ne remplissant pas, au moment des inspections, les conditions de présence nécessaires pour être compris dans les propositions de radiation, ont dû rester à la compagnie jusqu'à leur libération, une attestation portant qu'ils ont fait preuve de repentir.

Cette attestation ne doit jamais être accordée qu'aux hommes qui ont fait à la compagnie de discipline un séjour de six mois au moins, et qui, dans ce laps de temps, n'ont pas encouru de punitions présentant une certaine gravité.

L'inspecteur s'assure que cette disposition est appliquée, quand il y a lieu.

RÉGIMENTS ÉTRANGERS.

Avancement des officiers servant au titre étranger.

Art. 51. Les officiers des régiments étrangers qui servent au titre étranger sont susceptibles d'obtenir de l'avancement au tour du choix et au tour de l'ancienneté. Mais, tant qu'un décret ne les a pas admis à passer dans le cadre français, ils ne peuvent servir que dans ces corps.

L'avancement sur toute l'arme ne leur est applicable que lorsqu'une vacance de capitaine, de lieutenant ou de sous-lieutenant, selon le cas, peut leur être affectée dans l'un de ces deux régiments.

Si, en raison de services distingués, un officier servant au titre étranger paraît digne d'être appelé à passer dans le cadre français, l'inspecteur général peut appeler sur lui l'attention du Ministre ; mais il n'use de cette faculté qu'avec une extrême réserve. Le passage d'un officier du cadre étranger dans le cadre français doit être considéré comme une très haute récompense et ne peut être concédé que par décret. Un officier noté médiocrement ne devra pas être l'objet d'une proposition de cette nature.

Passage des corps français dans les régiments étrangers.

Art. 52. Aux termes de l'art. 1er de l'instruction du 18 mars 1831 réglant les conditions d'admission dans les régiments étrangers, aucun Français ne peut être admis dans ces corps qu'en vertu d'une autorisation spéciale du Ministre. Par suite, un militaire français servant dans un corps français ne peut pas passer dans les régiments étrangers, par voie de changement de corps, sans que cette mutation soit ordonnée par le Ministre (Note ministérielle du 4 mars 1878, *Journal militaire*, partie réglementaire, page 97).

L'inspecteur général s'assure de l'exécution des prescriptions du décret du 27 juillet 1886, relatives aux punitions à infliger aux soldats des régiments étrangers.

RÉGIMENTS DE TIRAILLEURS ALGÉRIENS.

Organisation.

Art. 53. L'inspecteur général examine si les prescriptions de la décision ministérielle du 15 mai 1872, relatives à la tenue des officiers indigènes, et celles de la décision ministérielle du 9 juin 1886, relatives à l'uniforme des officiers du cadre français, sont exactement suivies.

D'après le décret du 21 mars 1874, les officiers indigènes des régiments de tirailleurs algériens peuvent être appelés au grade de capitaine et à des emplois d'officier comptable, et les militaires indigènes sont susceptibles de devenir sous-officiers comptables dans les mêmes corps. L'inspecteur général s'assure que les officiers et sous-officiers présentés pour ces emplois, s'il en existe, possèdent l'instruction générale et l'aptitude nécessaires, et il recommande aux chefs de corps d'user des moyens en leur pouvoir pour développer l'instruction des sous-officiers indigènes. La prime d'engagment attribuée aux indigènes servant dans les régiments de tirailleurs algériens est de 400 francs; les intéressés recevront le jour de l'engagement ou du rengagement, une somme de 250 francs, et 150 francs deux ans après. (Art. 15 du décret du 29 mai 1890, sur le service de la solde, tableau 3, n° 3.)

Propositions.

Art. 54. En dehors des propositions d'avancement qu'il a à faire pour le cadre français de chaque régiment de tirailleurs algériens, l'inspecteur général peut présenter pour l'avancement les sous-lieutenants et les sous-officiers indigènes qui sont jugés dignes d'être proposés à cet effet. Il ne propose des indigènes pour le grade de capitaine et pour les emplois spéciaux, qu'exceptionnellement et lorsqu'ils rempliront toutes les conditions d'instruction et d'aptitude exigées des candidats à ces emplois. Il ne perd pas de vue que le commandement d'une compagnie, qui est souvent isolée, est une mission délicate qui ne doit être confiée qu'à un officier offrant toutes les garanties.

Les lieutenants et les sous-lieutenants indigènes ne peuvent jamais être promus qu'au choix au grade de capitaine et à celui de lieutenant.

Citations à accorder aux instructeurs les plus méritants.

Art. 55. L'inspecteur général peut porter à l'ordre du jour les noms des sergents et des caporaux instructeurs les plus méritants, dans chaque régiment de tirailleurs algériens.

Recrutement des cadres français des régiments de tirailleurs algériens (troupe).

Art. 56. La loi du 13 mars 1875 a déterminé le nombre des militaires français qui peuvent être employés dans les cadres des régiments de tirailleurs algériens, et le décret du 24 octobre 1871, qui est resté en vigueur, a fixé à sept par compagnie le nombre des tirailleurs français parmi lesquels doivent se recruter les militaires gradés pourvus d'emplois de comptable. Afin que ces dispositions puissent être mises à exécution, il est envoyé, chaque année, dans ces régiments, un certain nombre de soldats des classes, susceptibles de devenir plus tard clairons, caporaux ou sous-officiers, ou d'obtenir des emplois dans la section hors rang.

DISPOSITIONS CONCERNANT LES CORPS EN AFRIQUE.

Campagnes à compter aux militaires français domiciliés en Algérie.

Art. 57. Aux termes d'une décision ministérielle du 11 décembre 1877, insérée au *Journal militaire* (partie réglementaire, page 269), les Français domiciliés en Algérie, qui, après avoir été appelés sous les drapeaux en vertu de la loi du 6 novembre 1875, ont contracté un rengagement conformément aux dispositions de la loi du 27 juillet 1872, sont admis à compter comme campagne tout le temps qu'ils ont passé dans un corps stationné en Algérie, y compris l'année qu'ils ont faite en vertu de la loi du 6 novembre 1875. Les dispositions de la note ministérielle du 5 décembre 1876 (*Journal militaire*, partie réglementaire, page 229), portant que les Français domiciliés en Algérie ne comptent pas comme campagne la seule année de service qu'ils ont faite en Afriqne, ne sauraient, dès lors, être appliquées à ces militaires. Elles sont également inapplicables aux Français domiciliés en Algérie qui auront contracté un rengagement, après avoir été appelés sous les drapeaux conformément à l'article 81 de la loi du 15 juillet 1889.

Fractions de corps détachées.

Art. 58. L'inspecteur général du 19ᵉ corps et de la brigade d'occupation de Tunisie peut employer un général de brigade de l'intérieur pour inspecter les fractions de corps qui ne sont pas en Afrique, dans les conditions fixées par l'article 5 de l'instruction sur les inspections générales (Dispositions communes).

Le Ministre de la guerre,

Signé : C. DE FREYCINET.

ANNEXE N° 1.

Fondation Chevallier. — Legs d'une rente de 100 francs (réduite à 85 francs en 3 p. 100) en faveur du plus ancien grenadier du régiment d'infanterie portant le n° 64, tant qu'il reste sous les drapeaux en cette qualité, et à la condition d'ajouter à son nom celui de Chevallier.

Donation de Feuchères. — Neuf prix annuels de 200 francs en faveur des enfants de troupe. Huit de ces prix sont affectés à des corps d'infanterie désignés par le sort ; le neuvième prix est réservé au 37e régiment d'infanterie de ligne, que le donateur a commandé pendant six ans.

Donation Legrand. — Un prix annuel de 85 francs en faveur de l'enfant de troupe du 63e régiment d'infanterie de ligne reconnu le plus méritant.

Donation de Bourgoing. — Un prix annuel de la valeur de 100 francs en faveur des écoles régimentaires du 54e régiment d'infanterie de ligne. Ce prix, consistant en un livret de la Caisse d'épargne, sera délivré à l'un des sous-officiers, caporaux ou soldats qui seront arrivés illettrés au corps et qui auront appris à lire et à écrire dans les écoles régimentaires.

Fondation de l'abbé Sève. — Deux prix de 47 francs 50 centimes chacun, à décerner chaque année, lors de l'inspection générale, aux deux soldats du 88e régiment d'infanterie de ligne les plus méritants.

Donation de Boissac. — Un prix de 300 francs en faveur des enfants de troupe du 27e régiment d'infanterie de ligne. Ce prix, converti en un livret de la Caisse d'épargne, sera remis, chaque année, à celui des enfants de troupe du 27e régiment d'infanterie de ligne entré avec le meilleur rang à l'Ecole spéciale militaire, et, à défaut d'aucune admission, à l'enfant de troupe jugé le plus méritant par le conseil d'administration de ce régiment.

Donation de Mylius. — 1° Plusieurs prix, s'élevant ensemble à 500 francs, à répartir annuellement entre les sous-officiers, les caporaux et les soldats du 46e régiment d'infanterie de ligne.

2° Un prix annuel de 100 francs en faveur d'une cantinière de l'arme de l'infanterie, qui se sera distinguée en secourant les blessés sous le feu de l'ennemi, ou qui, en temps de paix, aura exposé sa vie pour une action généreuse. A défaut de candidat se trouvant dans l'une de ces conditions, ce prix est dévolu à la plus ancienne cantinière du 21ᵉ régiment d'infanterie de ligne, où servait le donateur à la bataille d'Iéna.

Donation d'Agnel Bourbon. — Un prix de la valeur de 24 francs, consistant en un livret de la Caisse d'épargne, qui sera délivré, chaque année, à l'enfant de troupe du 8ᵉ régiment d'infanterie de ligne désigné, à l'époque de l'inspection générale, comme étant le plus méritant par sa bonne conduite et son application au travail.

Fondation Morand. — 1° Deux prix, chacun de 132 francs, à décerner, chaque année, à deux sous-officiers instructeurs d'infanterie dont les corps auront été désignés par le sort ;

2° Quatre prix au moins, ensemble de 264 francs, destinés à être convertis en livrets de la Caisse d'épargne, au nom des enfants de troupe du 56ᵉ régiment d'infanterie de ligne et du 2ᵉ régiment de zouaves dant les pères auront été tués par le feu de l'ennemi.

Deux prix, au minimum, seront affectés annuellement à chacun de ces corps et le montant de ces prix sera capitalisé lorsqu'il n'y aura pas lieu d'en faire la distribution.

Fondation anonyme de 1843. — Troix prix de 24 francs chacun, à décerner annuellement, à la suite de l'inspection générale, à un nombre égal d'enfants de troupe les plus méritants du 14ᵉ régiment d'infanterie de ligne,

Fondation anonyme de 1867. — Trois prix annuels, ensemble de 105 francs, à distribuer par portions égales, à la suite de l'inspection générale, aux trois enfants de troupe du 1ᵉʳ régiment de zouaves qui seront signalés comme les plus méritants. Le montant des prix sera immédiatement placé à la Caisse d'épargne, au nom des titulaires.

Fondation d'Affry de la Monnoye. — Un prix annuel de 503 francs destiné au militaire du régiment de sapeurs-pompiers de Paris (sous-officier, caporal ou soldat), qui, pendant l'année précédente, aura opéré le sauvetage de personne le plus difficile, ou, à défaut de candidat remplissant cette condition, au militaire du régiment qui, dans l'ensemble du service, aura montré le zèle et le courage les plus soutenus.

Donation Carré. — Deux prix de 50 francs chacun, en livret de la Caisse d'épargne, à décerner, chaque année, aux deux enfants de troupe les plus méritants du 5ᵉ bataillon de chasseurs à pied.

Prix de tir. — Quatre prix annuels de tir, d'une valeur de 28 fr. 75 c. chacun (un pour les officiers, délivré sous la forme de livres ou d'objets d'étude, et trois pour la troupe), fondés en faveur du 54ᵉ régiment d'infanterie de ligne, par les candidats officiers de l'armée territoriale, qui ont été instruits par les cadres de ce régiment.

Prix de tir. — Un prix annuel de tir d'une valeur de 54 francs, fondé en faveur d'un sous-officier, caporal ou soldat du 104ᵉ régiment d'infanterie de ligne, par les candidats officiers de la réserve et de l'armée territoriale, qui ont été instruits par les cadres de ce régiment.

Fondation Leroy-Duverger. — Legs d'une rente de 437 francs 3 p. 100 sur l'Etat, fait par M. le général de brigade Leroy-Duverger. Cette somme sera répartie en dix prix à décerner, chaque année, aux enfants de troupe de l'armée.

Prix Delrieu. — Deux prix annuels de tir en faveur des sous-officiers, caporaux et soldats du 103ᵉ de ligne, fondés à l'aide d'une donation de 77 fr. de rente 4 1/2 p. 100 sur l'Etat, faite par les candidats officiers de la réserve et de l'armée territoriale, qui ont été instruits par les cadres de ce régiment.

Fondation de Pecqueult de Lavarande. — Prix annuel de 100 fr. en faveur du soldat, du caporal ou du sous-officier du 1ᵉʳ régiment de zouaves, qui, jusqu'à la fin de son temps de service, aura été exempt de peines méritées et dont la bravoure sera constatée par ses camarades.

Fondation Frasseto. — Prix annuel de 39 francs, en un livret de la Caisse d'épargne, à décerner à l'enfant de troupe du 2ᵉ régiment de zouaves, qui aura été jugé le plus méritant par son application et sa conduite.

Fondation Chichon. — Trois prix annuels, dont un de 28 francs et deux de 25 francs, à décerner aux militaires du 54ᵉ de ligne (sous-officiers, caporaux et soldats), sur la désignation du colonel, comme prix de tir, de gymnastique et d'escrime.

Fondation Beaugier. — Don par des officiers de l'armée territoriale d'une rente de 50 francs 3 p. 100 sur l'Etat, pour la distribution d'un prix annuel de tir à un sous-officier, caporal ou soldat du 104ᵉ régiment d'infanterie de ligne.

Fondation Daulomieu-Beauchamp. — Un prix annuel de 41 francs à décerner au sergent-major ou au sergent-fourrier du 12ᵉ régiment d'infanterie de ligne reconnu, par le conseil d'administration du corps, comme le plus méritant par sa conduite et sa régularité dans la tenue des écritures de sa compagnie.

Fondation du syndicat de secours aux incendiés du Printemps. — Un prix annel de 100 francs à décerner au sapeur-pompier de Paris, quittant le service, qui en sera jugé le plus digne par ses chefs.

Fondation Carré Weyler de Navas. — Prix annuels de tir, s'élevant ensemble à 351 francs, à distribuer par portions égales au

70ᵉ régiment territorial d'infanterie et à chacun des corps d'infanterie de l'armée active en garnison à Tours.

Fondation Mourival. — Deux prix annuels, l'un de 20 francs et l'autre de 10 francs, à décerner aux deux enfants de troupe du 10ᵉ régiment d'infanterie de ligne reconnus comme les plus méritants par le conseil d'administration du corps, à l'époque de l'inspection générale.

Fondation des frères Homberg. — Prix annuel de 75 francs à décerner à un militaire du régiment de sapeurs-pompiers de Paris, qui se sera particulièrement distingué par un acte de probité dans l'exécution de son service.

Fondation Carel. —Trois prix annuels de 150 francs à décerner à un sous-officier, à un caporal et à un soldat du 52ᵉ régiment d'infanterie, choisis parmi les dix plus anciens et les plus méritants de chacun de ces trois grades.

Fondation de Pontécoulant. — Deux prix annuels de tir, dont un de 100 francs à décerner au sous-officier, et l'autre de 50 francs à décerner au soldat du 84ᵉ régiment d'infanterie ayant obtenu le premier prix de tir.

Fondation de Pontécoulant. — Deux prix annuels de tir, dont un de 100 francs en faveur des sous-officiers, et l'autre de 50 francs en faveur des soldats de chacun des 1ᵉʳ régiment de tirailleurs algériens et 4ᵉ bataillon de chasseurs à pied.

Fondation Clinchant. — Prix annuels de tir d'une somme totale de 54 francs fondés en faveur du 104ᵉ régiment d'infanterie avec le produit de la vente de percolateurs donnés par le général Clinchant.

Fondation Peyrend. — Prix annuel de tir de 15 francs à décerner au sous-officier, caporal ou soldat du 14ᵉ régiment d'infanterie reconnu le meilleur tireur du régiment, après le concours de tir de chaque année.

Fondation du Mesgnil. — Deux prix annuels de 100 francs chacun à décerner au soldat le plus méritant de l'Ecole régimentaire du régiment d'infanterie en garnison à Bayonne, et au soldat reconnu le meilleur tireur du même régiment.

Fondation de Pontécoulant. — Deux prix annuels de tir, dont un de 100 francs pour les sous-officiers, et l'autre de 50 francs pour les caporaux et soldats du 1ᵉʳ régiment étranger.

Prix du 47ᵉ. — Prix consistant en un livret de la Caisse d'épargne à décerner, chaque année, à l'élève le plus méritant des écoles militaires préparatoires de l'infanterie, qui atteindra sa 18ᵉ année dans le courant de l'année scolaire et entrera dans l'armée comme engagé volontaire.

Prix René Moreaux. — Prix annuel de 152 francs à décerner au soldat, caporal ou sous-officier du 12ᵉ régiment d'infanterie signalé, en raison de sa bonne conduite habituelle et de sa manière de servir, comme étant le plus digne d'obtenir cette récompense.

Fondation Delpeux. — Rente de 366 francs à répartir, chaque année, entre les militaires du régiment de sapeurs-pompiers de Paris, qui se seront le plus distingués dans l'exercice de leurs fonctions.

Fondation Finot. — Prix annuel de tir de 35 francs à décerner au sous-officier, caporal ou soldat du 99ᵉ régiment reconnu le meilleur tireur.

Fondation Picard. — 108 francs à répartir en 1889, par moitié, en prix de tir aux sous-officiers du 27ᵉ régiment et en prix aux meilleurs sous-officiers instructeurs du même régiment.

Fondation Piaton. — Prix annuels de tir de 50 francs à décerner au sous-officier et au caporal ou soldat du 38ᵉ régiment reconnus les meilleurs tireurs.

Fondation de Wengi. — Prix annuel de tir de 50 francs à décerner alternativement à un sous-officier et à un caporal ou soldat du 149ᵉ régiment.

Fondation Loizillon. — Prix annuel de tir de 20 francs à décerner au caporal ou soldat du 1ᵉʳ régiment de zouaves reconnu le meilleur tireur et bien noté sous le rapport de la conduite.

Fondation Lechesne. — Rente de 311 francs destinée à améliorer la position matérielle des sous-officiers du 103ᵉ régiment d'infanterie.

TABLE DES MATIÈRES

Dispositions générales.

Paris et Limoges. — Imprimerie militaire Henri CHARLES-LAVAUZELLE.

Librairie militaire Henri Charles-Lavauzelle

Paris, 11, place Saint-André-des-Arts.

DÉCRET DU 29 MAI 1890, portant règlement sur la solde et les revues :
Texte, édition officielle et complète avec ses annexes et le formulaire des mutations. — 2 volumes in-8º de 188 pages et 36 pages.............. 1 »
Le même, avec modèles.. 3 50
Formulaire des mutations, seul. — Brochure in-8º de 36 pages......... » 25
DÉCRET DU 27 DÉCEMBRE 1890, portant revision des tarifs de solde, et décision présidentielle de la même date, revisant les tarifs d'indemnité de route.— Brochure in-8º de 144 pages .... 1 »
RÈGLEMENT DU 30 SEPTEMBRE 1886, pour l'exécution du service des LITS MILITAIRES (édition entièrement refondue, mise à jour jusqu'en juin 1891). — Volume in-8º, broché... 4 »
RÈGLEMENT PROVISOIRE DU 20 JUIN 1888 SUR L'ENTRETIEN DU CASERNEMENT PAR LES CORPS OCCUPANTS, complété par la décision ministérielle du 23 décembre 1890, suspendant le fonctionnement de la masse de casernement en temps de guerre (2ª édition, annotée et mise à jour jusqu'en juillet 1891). — Brochure in-8º... » 50
RECUEIL DES DOCUMENTS OFFICIELS RELATIFS A L'APPLICATION DE LA TAXE MILITAIRE (édition à jour jusqu'en novembre 1891). — Volume in-8º de 132 pages, broché.. 2 »
LES LEÇONS DE LA GUERRE, par Ch. Desprels, colonel d'artillerie en retraite, commandeur de la Légion d'honneur. — Vol. in-8º de 500 p., broché 7 50
HISTOIRE MILITAIRE DE LA FRANCE, de 1643 à 1871, par Emile Simond, lieutenant au 28º de ligne. — 2 volumes in-32, brochés.............. 1 »
Reliés toile anglaise.. 1 50
Ministère de la guerre. — HISTOIRE MILITAIRE, avec 12 cartes. — Volume in 18 de 246 pages... 4 50
L'ARMÉE FRANÇAISE A TRAVERS LES AGES, par L. Jablonski :
Tome Iᵉʳ. — *Première partie :* Des origines de no.re pays jusqu'à Philippe le Bel.
Deuxième partie : De Philippe le Bel à la bataille de Fontenoy. — Volume in-12 de 500 pages, broché...................................... 5 »
Tome II. — *Troisième partie :* De Louis XIV à la Révolution.
Quatrième partie : L'Armée pendant la Révolution et sous l'Empire. — Volume in-12 de 480 pages, broché................................... 5 »
Tome III. — *Cinquième partie :* de la Restauration jusqu'à 1848.
Sixième partie : de 1848 à 1870. — Volume in-12 de 540 pages, broché... 5 »
Tome IV. — (*Sous presse.*)
PRÉCIS HISTORIQUE DES CAMPAGNES MODERNES. Ouvrage accompagné de 36 cartes du théâtre des opérations, à l'usage de MM. les candidats aux diverses écoles militaires. — Volume in-18 de 224 pages, broché..... 3 50
PRÉCIS HISTORIQUE DES FAITS MILITAIRES mémorables depuis la première Révolution jusqu'à nos jours. — Brochure in-18 de 48 pages........ 1 »
LA VÉRITÉ SUR LA CAMPAGNE DE 1815. — Brochure in-8º de 84 pages.. 2 »
ORGANISATION ET RÔLE DE LA CAVALERIE FRANÇAISE PENDANT LES GUERRES DE 1808 A 1815. — Brochure in-8º de 104 pages................. 2 50
GUERRE FRANCO-ALLEMANDE DE 1870-1871, par Ch. Romagny, lieutenant, professeur d'histoire et de géographie à l'Ecole militaire d'infanterie. Ouvrage accompagné d'un atlas comprenant 18 cartes-croquis en deux couleurs. — Volume grand in-8º de 392 pages, et l'atlas......... 10 »
LE TONKIN FRANÇAIS CONTEMPORAIN, études, observations, impressions et souvenirs, par le docteur Edmond Courtois, médecin-major de l'armée, ex-médecin en chef de l'ambulance de Kep, ouvrage accompagné de trois cartes en chromolithographie (Paris, 1891). — Volume in-8º de 412 p. 7 50
GÉOGRAPHIE. — Cours préparatoire du ministère de la guerre, avec 14 cartes. Volume in-18 de 174 pages .... 3 »